ALLOCUTION

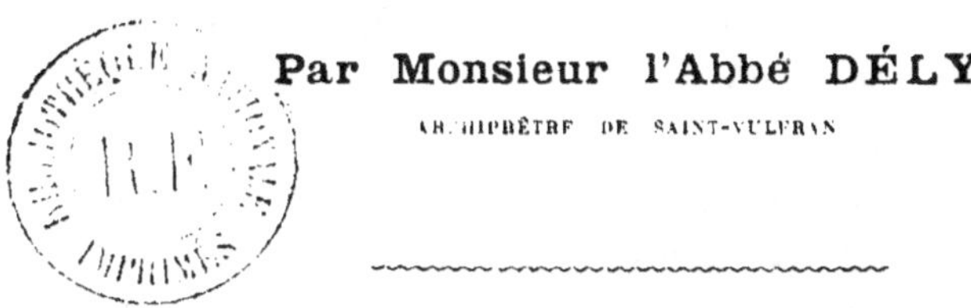

PRONONCÉE A L'OCCASION DES FUNÉRAILLES

DU RÉVÉREND PÈRE VÉZARD

Le 18 Juin 1890

Par Monsieur l'Abbé DÉLY

ARCHIPRÊTRE DE SAINT-VULFRAN

MES FRÈRES,

Je me trouve arrêté par les obstacles que la Règle
oppose au dessein que j'aurais eu de célébrer les ver-
tus du cher défunt que nous pleurons; mais sa vie fut
si calme, si paisible, elle s'écoula si modeste sous les
yeux des Anges; il s'appliqua avec un soin si jaloux à
dérober aux regards humains les merveilles que la
grâce de Dieu et les efforts de sa volonté avaient réa-
lisées dans son cœur; il tint, pendant toute sa vie, ce
cœur si fermé aux choses de ce monde, si ouvert à
toutes les influences surnaturelles et divines; il s'éleva
à une si haute perfection sacerdotale, sa vie religieuse
fut si sainte, que j'ai peine à résister au désir de célébrer toutes ces grandes et saintes choses.

Ah! je le sens et tout me le dit, auprès de ce cercueil, c'est le cantique des immortelles actions de grâce
qu'il faudrait chanter; et, malgré tous les désirs de
vie cachée qui l'animèrent, si cette cendre froide pou-

vait se ranimer, si cette langue glacée pouvait s'agiter de nouveau, elle dirait : criez à tous que le Tout-Puissant a fait en moi de grandes choses *fecit mihi magna qui potens est*. Ce sont ces merveilles que je voudrais simplement signaler à votre attention, pour me conformer autant que possible aux prescriptions de la Règle. Pourtant, s'il m'arrivait de dépasser un peu les limites qui me sont tracées, vous voudriez bien, cher ami et vénérés Pères, me le pardonner, en songeant que lorsqu'un homme se trouve en face d'un saint, il subit des influences extraordinaires, des attractions irrésistibles, et que sa parole peut avoir des entraînements involontaires. Or, le R. P. Vezard fut vraiment un saint, et si j'avais du faire un discours en règle, j'aurais pu prendre pour texte : *sancti estote quoniam ego sanctus sum*, soyez saints, parce que je suis saint (1). Ces paroles sont le résumé et l'explication de sa vie.

Un regard superficiel ou trop rapide ne découvrirait rien qui pût fixer l'attention dans cette vie qui vient de s'éteindre. Elle n'offre en effet aucune de ces phases brillantes, aucun de ces côtés saillants qui attirent les regards humains, elle s'écoula simple, modeste, comme tant d'autres vies dont l'histoire ne s'occupe pas. C'est avec les yeux de la foi qu'il faut la considérer pour la voir briller dans toute sa beauté, et si l'on s'élève dans les sphères supérieures, alors, on voit une âme forte, généreuse, toujours occupée à se dégager de la chair et d'elle-même, pour s'élever sous les regards de Dieu et monter vers les cîmes de la perfection.

Enfant, Alexis Vézard ne se distingua de ses frères et de ses camarades, que par une piété plus grande,

1. I Petr., i. 16.

par un goût plus prononcé pour les choses saintes ;
son intelligence, ses talents n'avaient rien qui dépas-
sât la bonne mesure ordinaire, et pourtant il fit dans
l'étude des sciences et des lettres des progrès réels et
plus marqués que beaucoup de ses condisciples, car il
s'y livra avec une application plus constante et des
efforts plus soutenus. C'est que déjà s'était révélée en
lui une vertu propre, spéciale, que nous ne connaissons
plus assez aujourd'hui, mais qui alla toujours grandis-
sant dans son cœur, et devint l'honneur, l'âme de toute
sa vie, je veux dire l'*amour du devoir*. Il avait déjà,
et il conserva jusqu'à son dernier soupir, le culte, la
sainte passion du devoir, c'est le trait saillant, le signe
caractéristique de toute son existence. Pour lui, le
devoir fut toujours la chose sainte et sacrée à laquelle
on ne touche pas, devant laquelle on ne passe jamais
indifférent, devant laquelle on s'incline toujours avec
respect. Quand il l'avait entrevu, quand on lui avait
dit : c'est le devoir, jamais il ne reculait, jamais il ne
transigeait, son âme s'ouvrait toute grande pour ac-
cueillir la chose sainte et sacrée, et dut-il sacrifier ce
qu'il y avait en lui de plus intime, dut-il faire taire les
protestations de sa raison, il allait de l'avant et le devoir
était accompli, mais sans ostentation, sans recherche
de l'approbation des hommes, d'une manière simple,
modeste, comme s'il eut fait la chose du monde la plus
ordinaire.

Cela est grand, mes frères, cela est beau, car le devoir, c'est ce qui coûte, ce qui est difficile, oui, voilà le
devoir dans son austère beauté, et pour qu'une âme,
sans aucune défaillance, s'impose toujours tous les sacrifices qu'exige la fidélité à ce qui coûte à sa nature ;
pour qu'elle s'éprenne saintement de toutes les choses
pénibles et difficiles qui se dressent devant elles et

entravent sa marche, pour qu'elle s'en éprenne si saintement qu'elle leur garde une fidélité inviolable, pour cela, il faut que cette âme soit grande, noble, forte, généreuse, disons le mot vrai et juste, il faut qu'elle ait quelque chose d'héroïque.

Ah ! je le sais, l'histoire n'enregistrera pas ces faits, elle les négligera, parce qu'elle les considère comme obscurs. Soit ! mais la main des Anges les à inscrits au livre de la vie éternelle. Les hommes ne dresseront pas de statue à ce héros modeste, mais Dieu lui donnera un trône au séjour de la gloire : *dabo ei sedere mecum in throno meo* (1). A cette parole, il me semble entendre la voix du bon Père s'élever de ce cercueil et me dire : « Mais ce n'est pas moi. » — Vous avez raison, Père vénéré, non ce n'est pas vous tout seul qui avez conquis ce trône, mais la grâce de Dieu avec vous (2), et votre grand mérite a été d'en seconder l'action, d'agir dans le même sens qu'elle, c'est cette fidèle correspondance. qui a fait votre force ; et parce que vous l'avez accueillie avec une grande générosité, la grâce a fortement trempé votre âme pour les luttes de la vie. C'est la grâce qui vous a inspiré cette sainte passion du devoir, mais c'est vous qui, poussé et soutenu par la grâce avez accompli les grands sacrifices qu'exige une fidélité constante au devoir, et voilà pourquoi nous vous envoyons aujourd'hui avec nos prières le témoignage de notre admiration.

Ses études terminées, Alexis Vézard entra dans l'Université. Il fut nommé répétiteur de mathématiques au collège du Hâvre. Après deux ans de professorat, un événement tragique auquel il fut indirecement mêlé vint tout à coup modifier le cours habituel

1. Apoc. iii, 21.
2. I. Cor. xv, 10.

de ses idées et changer l'orientation de sa vie. Il renonça aux palmes académiques et entra au grand séminaire de Coutances, puis dans la Congrégation des Eudistes. Devenu prêtre, il fut envoyé comme professeur de mathématiques au collège Richelieu de Luçon, où bon nombre de familles appartenant à la noblesse vendéenne faisaient alors élever leurs enfants. Le jeune professeur se livra avec ardeur au travail, l'étude des sciences fut pour son esprit une sorte de gymnastique intellectuelle qui donna une grande vigueur à sa raison, à son jugement une rectitude qui se trouva rarement en défaut. Les mathématiques avec leurs raisonnements pressés, avec leurs déductions rigoureuses, lui donnèrent une logique ferme, sûre d'elle-même, qui lui permit de grouper ses idées dans un ordre méthodique, de les enchaîner les unes aux autres et de les déduire l'une de l'autre avec une rigueur irréprochable. De son long séjour dans le domaine de la raison pure, il avait rapporté une grande netteté dans les idées, et un amour passionné pour la vérité.

Le professeur était formé, il se mit à l'œuvre, et avec quel succès ! Sans doute, il y eut des maîtres plus savants, plus brillants, mais il y en eut peu pour exposer et démontrer les vérités scientifiques avec plus de clarté et de simplicité ; peu pour diriger plus habilement les élèves à travers les difficultés de la science ; peu pour faire pénétrer plus patiemment la vérité dans les intelligences légères ou rebelles ; il y en eut peu surtout pour conduire les élèves d'une manière plus sûre, plus infaillible au succès qui devait couronner leurs études.

Tout cela était le fait d'une aptitude spéciale, sans doute, mais aussi de son amour du devoir. Sous ce rapport, rien ne l'arrêtait, rien ne le décourageait ; il comptait pour rien les peines et les fatigues, et il ne se croyait quitte envers ses élèves que lorsqu'après avoir aplani sous leurs pas toutes les difficultés, il était parvenu à leur faire comprendre la vérité ; pour lui le devoir allait jusque-là, et il l'accomplissait.

Bientôt, comme si l'enseignement des mathématiques n'avait pas suffi à son activité, il cumula les fonctions d'économe, de préfet de discipline et de professeur, et il remplissait chacune de ces charges avec tant de perfection qu'on ne l'aurait cru occupé que d'une seule. C'est de lui que venait toute initiative, c'est sur lui que tout reposait, il devint ainsi l'âme de l'établissement, et pendant de longues années il porta sur ses épaules tout le poids de la maison : *in te tota domus inclinata recumbit.* En le voyant ainsi se multiplier et accepter sans cesse de nouvelles charges, on aurait pu croire que, de propos délibéré, il voulait sacrifier sa vie à la gloire de Dieu et au salut des âmes. Cela était vrai, il eut souhaité être le martyr de ces deux grandes causes ; aussi, son influence à Luçon fut si grande, son action si efficace, que les élèves ont conservé de leur ancien maître un souvenir reconnaissant et plein de respect. Rien n'a pu l'effacer jusqu'ici, ni les années écoulées, ni les séparations, ni la distance : et au carême dernier, le Révérend Père Supérieur de la maison d'Abbeville trouva ce souvenir aussi vivant, aussi affectueux qu'au premier jour. Pourquoi cela, mes Frères ? Ah ! rien n'est plus facile à comprendre, c'est que ce souvenir a été gravé dans les cœurs par les deux plus grandes forces de ce monde : l'amour du devoir et le dévouement.

Tant de fatigues avaient épuisé avant le temps les forces du Père Vézard, ses supérieurs l'envoyèrent à la maison Notre-Dame des Armées de Versailles,

comme aumônier du Cercle militaire, et lui que nous
avons connu si timide devint le Directeur préféré des
soldats. C'est qu'il savait se faire tout à tous pour
remplir tous les devoirs de sa charge. Entre temps, il
allait au collège Saint-Jean de la même ville faire
quelques classes de mathématiques, afin de donner à
ses confrères et à leurs enfants, dans cette institution
naissante, des preuves de son dévouement et les fruits
de sa vieille expérience. Il était fort apprécié comme
directeur des âmes, et déjà sa prudence et sa sagesse
lui avaient gagné une nombreuse clientèle au saint
tribunal, lorsque l'obéissance l'amena dans la maison
d'Abbeville, comme pour y donner le dernier trait à
l'œuvre de sa perfection. Il continua sa vie de prière,
d'obéissance, de régularité, de fidélité constante à tous
ses devoirs; il continua aussi ses mortifications, ses
austérités; et l'on a retrouvé dans sa chambre les
cordes et les disciplines dont il se servait pour domp-
ter sa chair et forcer son âme à gravir les cimes de la
perfection. Ah ! mes vénérés Pères, gardez ces instru-
ments de pénitence, ce sont là des reliques précieuses,
des témoins irrécusables de la sainteté de celui qui
s'en servit si souvent pendant sa vie. Dans les derniers
mois de son existence surtout, il s'appliquait à faire
ce qui lui paraissait le plus parfait, la conformité à la
volonté de Dieu était le grand secret de sa patience et
de sa paix inaltérables. Chose étrange! cet homme qui
n'avait jamais cherché sa propre satisfaction pendant
sa trop courte carrière, disait à son supérieur la veille
de recevoir l'extrême-onction : « Je n'ai rien fait de
bien dans ma vie, et je vais me présenter devant Dieu
les mains vides ! » Et il était convaincu de ce qu'il
disait. — Permettez-moi, vénéré Père, ou plutôt per-
mettez à tous ceux qui m'entendent ici, de n'être pas

de votre avis. — Ce sont là, mes frères, des sentiments qui loin de nier la sainteté, l'attestent au contraire, car c'est le propre des serviteurs de Dieu de se regarder toujours comme des serviteurs inutiles.

Comme les mains du bon Père étaient trop faibles pour tenir le bréviaire, et ses yeux trop fatigués pour le lire, on avait changé cette obligation sacrée en celle de trois chapelets ; or, dimanche à onze heures du soir, le malade s'agitant un peu sur sa couche de douleur, on s'approcha de lui : « Je n'en puis plus, dit-il, et j'ai encore une dizaine de chapelet à réciter. — Mais, mon bon Père, vous en êtes dispensé. — Non, répondit-il, c'est le devoir, il faut qu'il s'accomplisse » et il murmura un *Ave Maria*. Quelques instants après, sans effort, sans agonie, il rendit le dernier soupir.

En apprenant sa mort, il n'y eut qu'un cri parmi ses confrères et sur les lèvres de tous ceux qui en eurent connaissance : « Le saint de la Communauté est mort ! » C'est là le plus bel éloge, il suppléera aux défauts de celui que j'ai entrepris.

Vénéré Père ! souvenez-vous du haut du ciel, quand vous y serez, si vous n'y régnez déjà, de cette chère paroisse Saint-Vulfran que la divine Providence a remise entre mes mains, je vous la confie à mon tour ; souvenez-vous de cette ville qui vous donne en ce moment une si grande marque de sympathie, et puissent vos saintes prières nous obtenir à tous de vous revoir un jour dans la bienheureuse éternité.

Ainsi soit-il.

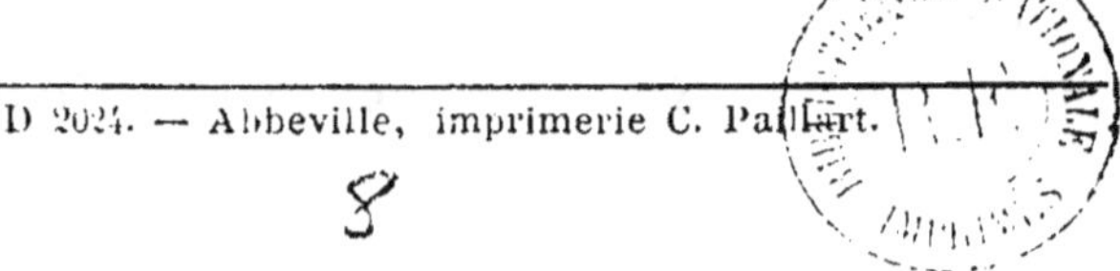

D 2024. — Abbeville, imprimerie C. Paillart.